Table of Contents

Cómo obtener la Green Card

Diferentes Formas de Obtener la Residencia Permanente y Tramitar su Tarjeta Verde

BalthyPress

Índice

Introducción

Obtener una Green Card es un hecho significativo para quienes desean establecerse en los Estados Unidos. Este proceso, aunque complejo y detallado, abre puertas a oportunidades únicas y da una estabilidad que muchas personas buscan al emigrar. En esta guía, te acompañaré paso a paso, ofreciendo consejos prácticos y detallados sobre cómo navegar cada etapa del proceso de solicitud.

Entender qué es y los beneficios que ofrece es el primer paso en este viaje. Una Green Card, oficialmente conocida como Tarjeta de Residencia Permanente, permite a su titular vivir y trabajar de manera indefinida. Aparte de dar estabilidad, otorga acceso a ciertos beneficios y derechos, como la posibilidad de patrocinar a familiares cercanos para que también obtengan la residencia y, eventualmente, la ciudadanía estadounidense.

El proceso para obtener una varía dependiendo de la categoría bajo la cual solicites: basada en la familia, el empleo, asilo o refugio, o la lotería de diversidad. Cada categoría tiene sus propios requisitos y procedimientos específicos que deben ser cumplidos meticulosamente para asegurar el éxito de la solicitud.

La preparación y organización ayudan, como la recolección de documentos necesarios hasta la preparación para entrevistas, cada etapa requiere atención al detalle y una comprensión clara de lo que se espera de ti. Los errores comunes, como formularios incompletos, documentos inconsistentes o no responder a tiempo a una Solicitud de Pruebas (RFE), pueden retrasar o incluso resultar en la denegación de tu solicitud. Por eso, es crucial seguir las guías oficiales del USCIS y, en muchos casos, buscar la ayuda de un abogado de inmigración.

A lo largo, encontrarás consejos prácticos sobre cómo reunir y organizar tus documentos, cómo responder a solicitudes de pruebas, y cómo prepararte para las entrevistas, te daré estrategias para mantener tu residencia permanente, incluyendo la renovación y el cumplimiento de las obligaciones legales.

Te abordo aspectos importantes como los derechos y restricciones de viaje y los procedimientos para reingresar después de un viaje al extranjero. Estar bien informado y preparado te ayudará a evitar problemas y garantizará que mantengas tu estatus de residente permanente sin complicaciones.

Capítulo 1: Introducción a la Green Card

Conozcamos de qué se trata este soñado documento por el que muchos sueñan y pocos logran.

Qué es la Green Card

Es un documento que otorga el derecho de residencia permanente en los Estados Unidos. Sirve para aquellos que desean vivir y trabajar en este país de manera indefinida. Este estatus permite establecerse, y abre la puerta a muchas oportunidades que no están disponibles para aquellos con visas temporales.

Tener este documento significa que es posible vivir en cualquier parte de Estados Unidos y moverte entre estados. Buscar y aceptar empleo sin las restricciones que aplican a otros tipos de visas. Este permiso de residencia es renovable y es una vía para obtener la ciudadanía estadounidense después de cumplir ciertos requisitos, como vivir en el país durante un período determinado y demostrar buen carácter moral.

Da una mayor estabilidad y seguridad legal en comparación con otros estatus migratorios. No estarás sujeto a la expiración de una visa de trabajo, y no necesitarás un patrocinador constante para mantener tu estatus. Esto significa que cambias de trabajo sin preocuparte por perder tu derecho a residir en el país.

Es importante entender que este viene con obligaciones, debes cumplir con las leyes, pagar impuestos y, en algunos casos, registrar tu dirección con el Servicio de Ciudadanía e Inmigración de Estados Unidos (USCIS). No obstante, los derechos y beneficios que otorga hacen que el esfuerzo de obtenerla valga la pena para muchos inmigrantes.

Beneficios de tener la Green Card

Contar con este estatus de residente permanente trae consigo una serie de ventajas. Una de las más notables es la posibilidad de vivir y trabajar en el país sin las limitaciones que imponen otros tipos de visas. Busca empleo en cualquier lugar y cambiar de trabajo sin necesitar una visa de patrocinio específica, lo que te brinda una gran flexibilidad laboral.

Este estatus facilita los viajes internacionales, puedes salir y entrar a Estados Unidos sin necesitar una visa de reingreso, siempre y cuando no permanezcas fuera del país por más de un año. Esta libertad es un gran alivio para quienes tienen familiares y compromisos en otros países.

Otro beneficio es el acceso a ciertos programas y servicios públicos. Como residente permanente, eres elegible para recibir beneficios de seguridad social después de haber trabajado durante un tiempo determinado. Calificas para ayuda financiera federal para la educación, lo que es un gran apoyo si tú o tus hijos planean estudiar en el país.

Este estatus permite patrocinar a familiares cercanos para que obtengan su residencia permanente, significa que ayudas a tu cónyuge, hijos y, en algunos casos, padres a vivir en Estados Unidos. Es una forma de reunir a la familia y ofrecerles las mismas oportunidades que tú tienes.

Es un paso hacia la ciudadanía estadounidense, después de un período de residencia y cumplimiento de ciertos requisitos, solicita la naturalización. Convertirse en ciudadano te otorga el derecho al voto y una protección adicional contra la deportación.

Tipos de Green Card

Green Card basada en la familia

Esta modalidad es una de las formas más comunes de obtener la residencia permanente. Se basa en la relación directa con un ciudadano estadounidense o un residente permanente. Si tienes un cónyuge, hijos, padres o hermanos que ya son ciudadanos o residentes permanentes, patrocina tu solicitud. Este proceso se centra en demostrar que existe una relación genuina y legal entre el solicitante y el patrocinador.

El primer paso es que tu familiar presente una petición en tu nombre. Este proceso varía en tiempo, dependiendo de la categoría de la relación y del país de origen. Los cónyuges, hijos solteros menores de 21 años y padres de ciudadanos estadounidenses suelen tener prioridad y enfrentan tiempos de espera más cortos. En cambio, hermanos de ciudadanos estadounidenses y otros familiares espera varios años debido a los límites anuales de visas disponibles.

Para aumentar tus posibilidades de éxito, presenta toda la documentación requerida, que incluye pruebas de la relación familiar, como certificados de nacimiento, matrimonio y cualquier otra evidencia que demuestre la autenticidad de la relación. Un consejo útil es mantener toda la documentación organizada y actualizada, si es posible, consulta con un abogado de inmigración para asegurarte de que tu solicitud esté completa y bien fundamentada.

Este tipo de solicitud es ideal si tienes familiares directos en Estados Unidos dispuestos y capaces de apoyarte, es necesario estar preparado para un proceso que requiere paciencia y atención al detalle.

Green Card basada en el empleo

Obtener la residencia permanente a través del empleo es una excelente opción para aquellos con habilidades profesionales, educación avanzada o experiencia laboral específica. Este tipo de residencia está diseñada para atraer talento y habilidades que beneficien la economía y la competitividad de Estados Unidos. Uno de los mayores beneficios es la estabilidad laboral que ofrece, permitiéndote trabajar en cualquier lugar del país sin las restricciones de visas temporales.

El proceso comienza con un empleador estadounidense dispuesto a patrocinar tu solicitud. Este requiere que el empleador demuestre que no hay trabajadores estadounidenses disponibles y calificados para el puesto.

Hay varias categorías dentro de esta modalidad, incluyendo trabajadores prioritarios con habilidades extraordinarias, profesionales con títulos avanzados y trabajadores calificados.

Una ventaja es la oportunidad de avanzar en tu carrera en Estados Unidos, lo cual lleva a mejores oportunidades económicas y profesionales, una posible desventaja es la dependencia inicial de tu empleador. Cambiar de trabajo es complicado durante el proceso de solicitud y antes de obtener la residencia permanente.

Para mejorar tus posibilidades, ten un currículum detallado y actualizado, y busca empleadores que tengan experiencia en patrocinar solicitudes de residencia, es recomendable trabajar con un abogado de inmigración para navegar por los requisitos específicos y presentar una solicitud sólida.

Green Card por asilo o refugiado

Esta modalidad está destinada a individuos que han huido de su país de origen debido a persecución o temor bien fundado de persecución por motivos de raza, religión, nacionalidad, pertenencia a un grupo social particular u opinión política. Es una vía clara para aquellos que buscan seguridad y protección en Estados Unidos.

Para obtener este estatus, debes ser reconocido como refugiado o haber obtenido asilo en Estados Unidos. Los refugiados son aquellos que solicitan protección desde fuera del país, mientras que los asilados lo hacen desde dentro del territorio estadounidense. Una vez reconocido como refugiado o asilado, solicita la residencia permanente después de un año de haber sido admitido en esta condición.

Lo que hace única a esta modalidad es su enfoque humanitario, se centra en proteger a individuos vulnerables y en riesgo, el proceso es largo y complejo, con la necesidad de dar pruebas detalladas y convincentes de la persecución o el temor de persecución, la incertidumbre y el trauma asociados con la huida de tu país añaden desafíos adicionales.

Un consejo para quienes siguen esta ruta es documentar tu experiencia y mantener registros detallados de cualquier amenaza o incidente de persecución, trabajar con organizaciones de apoyo a refugiados y un abogado especializado en asilo es de gran ayuda para presentar una solicitud sólida y bien fundamentada.

Green Card por sorteo (Lotería de Diversidad)

La Lotería de Diversidad es una oportunidad única y aleatoria que permite a individuos de países con baja tasa de inmigración a Estados Unidos obtener la residencia permanente. Cada año, el Departamento de Estado selecciona a 50,000 personas al azar de entre millones de solicitantes. La idea detrás de esta modalidad es promover la diversidad en la población inmigrante de Estados Unidos.

Participar en esta lotería es gratuito y sencillo, deben cumplir con ciertos requisitos básicos, como tener al menos un diploma de escuela secundaria o dos años de experiencia laboral en una ocupación que requiera al menos dos años de entrenamiento. La inscripción se realiza en línea durante un período específico cada año.

La principal ventaja de este método es su simplicidad y la posibilidad de obtener la residencia permanente sin necesidad de patrocinio familiar o laboral, debido a la naturaleza aleatoria del sorteo y el gran número de participantes, las probabilidades de ser seleccionado son bajas, ser seleccionado no garantiza la obtención de la residencia, ya que aún se deben cumplir con todos los requisitos de elegibilidad y pasar por el proceso de solicitud.

Si decides participar en la lotería, sigue todas las instrucciones y presenta tu solicitud dentro del período de inscripción. Mantén copias de toda la documentación y confirma que la información dada sea precisa. Si eres seleccionado, prepara con antelación los documentos necesarios y sigue de cerca las instrucciones brindadas por el Departamento de Estado.

Capítulo 2: Determinación de elegibilidad

Antes te hablé de esto, ahora quiero profundizar un poco más para que sepas los pasos a seguir.

Green Card basada en la familia

Para obtener la residencia permanente a través de un familiar, es bueno entender las categorías de familiares que son elegibles para patrocinarte. Los familiares que ayudan se dividen en dos grupos principales: los familiares inmediatos y las categorías de preferencia familiar.

Los familiares inmediatos incluyen a los cónyuges de ciudadanos estadounidenses, hijos solteros menores de 21 años de ciudadanos estadounidenses y padres de ciudadanos estadounidenses que tengan al menos 21 años. Esta categoría es la más ventajosa ya que no está sujeta a límites anuales de visas, lo que significa que los tiempos de espera suelen ser más cortos en comparación con otras categorías. Si tienes un familiar en esta categoría, es una opción excelente para ti, ya que el proceso es más rápido y directo.

Las categorías de preferencia familiar están sujetas a límites anuales de visas, lo que resulta en tiempos de espera más largos. Dentro de esta categoría, hay varias subcategorías:

- Primera preferencia (F1): hijos solteros mayores de 21 años de ciudadanos estadounidenses.

- Segunda preferencia (F2A): cónyuges e hijos solteros menores de 21 años de residentes permanentes.

- Segunda preferencia (F2B): hijos solteros mayores de 21 años de residentes permanentes.

- Tercera preferencia (F3): hijos casados de ciudadanos estadounidenses.

- Cuarta preferencia (F4): hermanos de ciudadanos estadounidenses, si el ciudadano es mayor de 21 años.

Cada una de estas subcategorías tiene un tiempo de espera que varía según el país de origen del solicitante y el número de visas disponibles en un año determinado, debes considerar que, aunque los hermanos de ciudadanos estadounidenses están en una categoría más baja y enfrentan tiempos de espera más largos, aún representan una oportunidad viable para la obtención de la residencia permanente.

Si estás considerando esta ruta, te recomiendo mantener una comunicación constante y fluida con tu familiar patrocinador, asegurarte de que todos los documentos necesarios estén en orden y ser paciente, ya que algunos procesos lleva varios años.

Green Card basada en el empleo

Para obtener la residencia permanente a través de un empleo, debes conocer las diferentes categorías de empleos y los tipos de visas de trabajo que lleva a lograrlo. Las categorías se dividen en cinco principales, conocidas como preferencias de empleo:

La primera preferencia (EB-1) está destinada a personas con habilidades extraordinarias en ciencias, artes, educación, negocios o atletismo; profesores e investigadores destacados; y ciertos ejecutivos y gerentes de multinacionales. Esta es competitiva, pero tiene la ventaja de que no requiere una certificación laboral previa.

La segunda preferencia (EB-2) es para profesionales con títulos avanzados o habilidades excepcionales en ciencias, artes o negocios. Esta categoría requiere una oferta de trabajo y una certificación laboral, a menos que se pueda obtener una exención por interés nacional.

La tercera preferencia (EB-3) incluye a trabajadores calificados con al menos dos años de experiencia laboral, profesionales con un título universitario y otros trabajadores no calificados para trabajos que no sean temporales o estacionales. Esta categoría requiere una oferta de trabajo y certificación laboral.

La cuarta preferencia (EB-4) está reservada para ciertos inmigrantes especiales, incluyendo trabajadores religiosos, empleados de organizaciones internacionales y otros. Los requisitos varían según la subcategoría específica dentro de esta preferencia.

La quinta preferencia (EB-5) es para inversionistas que hacen una inversión sustancial en una empresa comercial nueva en Estados Unidos, creando al menos diez empleos a tiempo completo para trabajadores estadounidenses. Este tipo de visa es ideal si tienes capital significativo y deseas invertir en la economía estadounidense.

Entre los tipos de visas de trabajo que lleva a la residencia permanente, las visas H-1B, L-1 y O-1 son algunas de las más comunes. La H-1B es para trabajadores en ocupaciones especializadas, la L-1 es para transferencias dentro de la misma empresa, y la O-1 es para individuos con habilidades extraordinarias.

Para maximizar tus posibilidades, es bueno contar con un empleador dispuesto a patrocinarte y cumplir con todos los requisitos específicos de la categoría que aplicas. Trabajar con un abogado de inmigración especializado es de gran ayuda para navegar este proceso complejo y garantizar una solicitud sólida y bien fundamentada.

Green Card por asilo o refugiado

El proceso de obtener la residencia permanente para aquellos que han sido reconocidos como asilados o refugiados es un camino crítico para una vida segura y estable en Estados Unidos. Aquí te explico en detalle cómo ajustar tu estatus, los requisitos específicos y los tiempos de espera involucrados.

Procedimiento para asilados

Si has sido admitido como asilado, solicita la residencia permanente después de haber estado presente en el país durante al menos un año desde la fecha en que se te otorgó el asilo. El proceso comienza con la presentación del Formulario I-485, Solicitud de Registro de Residencia Permanente o Ajuste de Estatus.

Junto con el Formulario I-485, deberás presentar los siguientes documentos:

- Copia del Formulario I-94 que muestra tu admisión como asilado.
- Dos fotos tipo pasaporte.
- Pruebas de cualquier cambio de nombre legal.
- Un examen médico, a menos que ya hayas completado uno reciente que aún sea válido.
- Prueba de haber estado presente en Estados Unidos durante al menos un año desde la concesión del asilo.
- Cualquier documentación adicional que USCIS pueda solicitar para comprobar tu identidad, admisión y cumplimiento de los requisitos de asilo.

El pago de tarifas es exento para asilados, pero es importante verificar la política vigente al momento de la solicitud.

Procedimiento para refugiados

Los refugiados solicitan la residencia permanente después de un año de haber sido admitidos en Estados Unidos en calidad de refugiados.

El procedimiento es similar al de los asilados, con la presentación del Formulario I-485 y documentos de respaldo.

Para refugiados, los documentos requeridos incluyen:

- Copia del Formulario I-94 mostrando tu admisión como refugiado.
- Dos fotos tipo pasaporte.
- Pruebas de cualquier cambio de nombre legal.
- Un examen médico si el anterior ya no es válido.
- Prueba de presencia continua en Estados Unidos durante al menos un año desde la admisión como refugiado.
- Cualquier documentación adicional solicitada por USCIS.

Al igual que los asilados, los refugiados están exentos del pago de tarifas, pero siempre es mejor verificar las regulaciones actuales.

Requisitos específicos

Aparte del tiempo de presencia física y los documentos básicos, hay otros requisitos importantes para ambas categorías:

- Esto significa que no debes haber regresado al país de persecución, a menos que puedas demostrar que lo hiciste por razones de extrema necesidad y bajo condiciones seguras.
- Debes mantener un buen carácter moral y no haber cometido delitos graves que puedan poner en peligro tu elegibilidad.

- No estar inadmisible por razones de seguridad nacional, salud pública, o por haber cometido fraude o tergiversación en el proceso de inmigración.

Tiempo de espera

El tiempo de espera para procesar una solicitud de ajuste de estatus varía, el USCIS tarda entre 8 y 14 meses en procesar el Formulario I-485, pero este tiempo es más largo dependiendo del volumen de solicitudes y de cualquier solicitud adicional de pruebas o información.

Durante el período de espera, es importante seguir todas las instrucciones de USCIS y responder a cualquier solicitud adicional de manera oportuna para evitar demoras, es recomendable consultar el estatus de tu solicitud a través del sistema de seguimiento en línea del USCIS.

Consejos útiles

- Ve que todos los documentos sean claros y completos. Errores o falta de información retrasa el proceso.

- Mantén un examen médico válido para evitar tener que repetirlo.

- Cumple con todas las leyes y normativas mientras esperas el procesamiento de tu solicitud.

- Si tienes alguna duda o enfrentaste situaciones complicadas, un abogado de inmigración da orientación específica y ayudarte a navegar el proceso de manera más efectiva.

Green Card por sorteo (Lotería de Diversidad)

Conocida como el Programa de Visas de Diversidad (DV), es una oportunidad única que permite a personas de países con bajas tasas de inmigración a Estados Unidos obtener la residencia permanente. Este programa anual, administrado por el Departamento de Estado, otorga 50,000 visas de diversidad mediante un sorteo aleatorio, te explico cómo funciona el proceso de elegibilidad e inscripción, así como los criterios de selección y los mejores países elegibles.

Elegibilidad

Para participar en la Lotería de Diversidad, debes cumplir con dos requisitos principales:

Debes ser nativo de un país que esté calificado para el programa, la lista de elegibles se actualiza cada año y excluye a aquellos que han enviado más de 50,000 inmigrantes a Estados Unidos en los últimos cinco años. Ejemplos elegibles incluyen Bolivia, Egipto, Nepal, y Ucrania. Países como México, Canadá, China e India suelen estar excluidos debido a sus altas tasas de inmigración a Estados Unidos.

Debes tener al menos un diploma de escuela secundaria o su equivalente, que implica haber completado un curso de 12 años de educación primaria y secundaria, calificas si tienes dos años de experiencia laboral en los últimos cinco años en una ocupación que requiera al menos dos años de entrenamiento o experiencia. El Departamento de Estado utiliza la base de datos del Departamento de Trabajo de Estados Unidos para determinar la elegibilidad laboral.

Proceso de inscripción

La inscripción para la Lotería de Diversidad es gratuita y se realiza en línea a través del sitio web oficial del Departamento de Estado durante un período específico cada año, en otoño. Aquí te detallo los pasos para inscribirte:

- Debes acceder al sitio web oficial durante el período de inscripción y completar el formulario DS-5501. Este formulario solicita información básica como tu nombre, fecha y lugar de nacimiento, sexo, y país de elegibilidad, necesitas incluir información sobre tu educación y experiencia laboral, y cargar una fotografía reciente que cumpla con los requisitos especificados.

- Si estás casado y/o tienes hijos solteros menores de 21 años, debes incluir sus datos en tu inscripción. Esto no afecta tus probabilidades de ser seleccionado, pero es un requisito obligatorio para que ellos puedan obtener la residencia si tú resultas seleccionado.

- Antes de enviar tu formulario, revisa toda la información para evitar errores. Una vez enviado, recibirás una confirmación con un número único de confirmación que debes guardar, ya que lo necesitarás para verificar el estado de tu inscripción.

- Los resultados se anuncian en mayo del año siguiente a la inscripción. Verifica si fuiste seleccionado ingresando tu número de confirmación en el sitio web oficial de la Lotería de Diversidad.

Mejores países elegibles y criterios de selección

Los países elegibles para la Lotería de Diversidad varían cada año, dependiendo de las tasas de inmigración recientes. Algunos de los países que son elegibles incluyen:

- Egipto: Con una baja tasa de inmigración a Estados Unidos, los nativos de Egipto tienen buenas oportunidades en la lotería.

- Nepal: Otro país con baja inmigración, lo que lo hace un participante frecuente en la lista de países elegibles.

- Ucrania: Este país europeo ha tenido bajas tasas de inmigración a Estados Unidos.

- Bolivia: Con pocas solicitudes de inmigración a Estados Unidos, los bolivianos tienen buenas oportunidades en la lotería.

El criterio de selección es aleatorio, todos los inscritos que cumplen con los requisitos de elegibilidad tienen las mismas probabilidades de ser seleccionados, es necesario que sigas todas las instrucciones de inscripción y proporciones información precisa para evitar la descalificación.

Consejos para una inscripción exitosa

- Ve que la foto que subes cumpla con los estándares especificados, como tamaño, fondo y calidad. Una foto incorrecta descalifica tu inscripción.

- Sin este número, no podrás verificar tu estado, lo que anula tu participación.

- Revisa toda la información antes de enviar tu inscripción. Errores en nombres, fechas o datos personales resultan en descalificación.

Capítulo 3: Recolección de documentos necesarios

Este es el proceso para ir recaudando todos los documentos necesarios para poder pedirla.

Documentos de identidad

Para que tu pasaporte cumpla con los requisitos legales y sea válido, debe estar vigente durante todo el proceso de solicitud y, tener al menos seis meses de validez restante desde la fecha de tu viaje planeado a Estados Unidos. Es necesario que tu pasaporte esté en buen estado físico, sin daños significativos que puedan comprometer la legibilidad de la información o la seguridad del documento.

Debe contener una fotografía reciente que te identifique y coincida con tu apariencia actual, ve que todos los datos personales, como tu nombre completo, fecha de nacimiento, lugar de nacimiento y nacionalidad, estén correctos y actualizados. Cualquier discrepancia o error en esta información causa retrasos o complicaciones en tu solicitud.

Es fundamental que tenga páginas en blanco suficientes para que se puedan estampar las visas y sellos de entrada y salida. En algunos casos, los países emisores de pasaportes requieren la renovación anticipada del documento si las páginas disponibles están a punto de agotarse.

Para evitar cualquier inconveniente, verifica si tu país de origen tiene requisitos adicionales para la emisión o renovación del pasaporte. A veces, es necesario presentar documentos adicionales o pasar por procesos específicos de verificación. Mantén una copia de tu pasaporte actual y guarda una copia digital en un lugar seguro. Esto es útil en caso de pérdida o robo.

Sigue las instrucciones de la autoridad emisora de tu país sobre cómo mantener y proteger tu pasaporte. No lo dobles, rasgues ni alteres de ninguna manera. Un pasaporte dañado es motivo de rechazo de tu solicitud de residencia permanente.

Certificado de nacimiento

Es un documento esencial que proporciona prueba de tu identidad y lugar de nacimiento. Este debe ser una copia oficial emitida por la autoridad gubernamental correspondiente en el país de tu nacimiento, ve que el certificado esté en buen estado y sea legible. No se aceptan documentos laminados o alterados de ninguna forma.

Debe contener información clave como tu nombre completo, fecha y lugar de nacimiento, y los nombres completos de tus padres. Es necesario que estén escritos de manera consistente con otros documentos oficiales que presentarás durante el proceso de solicitud. Cualquier discrepancia en los nombres o fechas genera dudas o retrasos en la verificación de tu identidad.

Si el certificado de nacimiento no está en inglés, necesitarás proporcionar una traducción certificada junto con el original, debe ser realizada por un traductor profesional que certifique que la traducción es completa y precisa, es posible que necesites una apostilla o certificación adicional para validar la autenticidad del documento en el contexto internacional.

En caso de que no esté disponible, algunos países emiten duplicados oficiales, si este es tu caso, ve que el duplicado tenga todas las certificaciones y sellos necesarios para ser considerado válido. En situaciones donde el certificado de nacimiento no pueda ser obtenido, aceptan documentos alternativos como registros bautismales o declaraciones juradas, pero estos deben estar justificados y respaldados por evidencia adicional.

Mantén el certificado de nacimiento en un lugar seguro y, de ser posible, haz copias adicionales. Tener una copia digital es útil para facilitar el acceso y envío rápido cuando sea necesario. Este documento es fundamental no solo para la solicitud de residencia permanente, sino para otros trámites legales y administrativos.

Documentos de Patrocinio Familiar o Laboral

Los documentos de patrocinio sirven para demostrar la relación entre el solicitante y el patrocinador, ya sea un familiar o un empleador, respaldan la solicitud de residencia permanente y deben cumplir con ciertos requisitos específicos para ser aceptados.

En el caso del patrocinio familiar, uno de los documentos clave es la carta de patrocinio, conocida como Formulario I-130. Este debe ser completado por el patrocinador, quien es el familiar ciudadano estadounidense o residente permanente. La carta de patrocinio debe incluir detalles específicos sobre la relación familiar, como el grado de parentesco y la intención de proporcionar apoyo financiero al solicitante.

Es fundamental dar pruebas de la relación familiar. Estas incluyen certificados de nacimiento, matrimonio o adopción, según sea aplicable, es útil adjuntar fotografías, correspondencia y cualquier otro documento que demuestre una relación continua y genuina. Todos los documentos deben ser originales o copias certificadas, y cualquier documento en un idioma extranjero debe ser acompañado por una traducción certificada.

Para el patrocinio laboral, el empleador debe presentar el Formulario I-140, Petición de Inmigrante por Trabajador Extranjero. Este formulario debe incluir información detallada sobre el puesto de trabajo ofrecido, los requisitos del puesto y las calificaciones del solicitante. Además, el empleador debe demostrar que ha realizado esfuerzos razonables para contratar a trabajadores estadounidenses antes de ofrecer el puesto al solicitante extranjero.

El contrato de trabajo o la carta de oferta son documentos fundamentales que deben acompañar el Formulario I-140. Estos deben detallar los términos del empleo, incluyendo el salario, las responsabilidades del puesto y las condiciones laborales. Es importante que estos documentos sean claros y precisos para evitar cualquier malentendido durante el proceso de revisión.

Tanto para el patrocinio familiar como para el laboral, es necesario mantener todos los documentos organizados y actualizados, ve que todas las firmas y fechas estén correctas y que los documentos estén completos y sin errores. Trabajar con un abogado de inmigración es de gran ayuda para garantizar que todos los documentos cumplan con los requisitos y se presenten.

Carta de patrocinio de un familiar o empleador

Es un documento clave en el proceso de solicitud de residencia permanente, ya sea a través de un familiar o un empleador, debe ser precisa y cumplir con todos los requisitos legales para ser aceptada por las autoridades de inmigración.

Para el familiar, la carta se presenta a través del Formulario I-130, Petición de Familiar Extranjero, debe ser completado por el familiar ciudadano estadounidense o residente permanente que está patrocinando al solicitante. La carta de patrocinio debe incluir información detallada sobre la relación entre el patrocinador y el solicitante. Es esencial que el patrocinador demuestre su estatus legal en Estados Unidos y su capacidad para apoyar al solicitante.

Para el laboral, la carta se presenta mediante el Formulario I-140, Petición de Inmigrante por Trabajador Extranjero. Esta carta debe ser redactada por el empleador y debe incluir detalles específicos sobre el puesto de trabajo ofrecido, las calificaciones del solicitante y los términos de empleo. El empleador debe demostrar que ha realizado esfuerzos razonables para contratar a trabajadores estadounidenses antes de ofrecer el puesto al solicitante extranjero.

Para pedir o hacer una carta de patrocinio, es recomendable seguir estos pasos:

- Asegúrate de tener todos los detalles sobre la relación familiar o el puesto de trabajo.

- Esto garantiza que la carta cumpla con todos los requisitos legales.

- Incluye todos los detalles requeridos y asegúrate de que sea clara y concisa.

- El patrocinador debe firmar y fechar la carta para que sea válida.

- Envía la carta junto con el Formulario I-130 o I-140 y cualquier documentación adicional requerida.

Pruebas de relación (para patrocinio familiar)

Estas pruebas son vitales para el éxito de la solicitud de residencia permanente basada en la familia.

Para demostrar la relación, da una variedad de documentos que respalden la autenticidad de la relación. Los más comunes incluyen certificados de nacimiento, matrimonio o adopción. Estos documentos deben ser originales o copias certificadas por una autoridad competente. Es importante que los nombres y fechas en estos documentos coincidan con los presentados en la solicitud.

Aparte de los documentos oficiales, se recomienda incluir pruebas adicionales que demuestren la relación continua y genuina, incluye fotografías familiares que muestren momentos importantes juntos, como bodas, cumpleaños y reuniones familiares, es útil proporcionar correspondencia, como cartas, correos electrónicos o mensajes de texto, que muestren una comunicación regular entre el patrocinador y el solicitante.

En algunos casos, es útil incluir declaraciones juradas de amigos o familiares que conozcan la relación y puedan testificar sobre su autenticidad. Estas deben ser detalladas y proporcionar información específica sobre la relación entre el patrocinador y el solicitante.

Es fundamental organizar todos los documentos de manera ordenada y clara. Asegúrate de numerar y etiquetar cada documento y, si es posible, incluye una tabla de contenido para facilitar la revisión por parte de las autoridades de inmigración.

Revisa todos los documentos y la información proporcionada para evitar errores o inconsistencias que puedan retrasar el proceso de solicitud. Mantener una copia digital de todos los documentos es bueno para referencias futuras.

Contrato de trabajo o carta de oferta (para patrocinio laboral)

El contrato de trabajo o la carta de oferta son documentos fundamentales en el proceso de patrocinio laboral para la obtención de la residencia permanente, deben ser detallados y cumplir con todos los requisitos legales para asegurar que el proceso de solicitud sea exitoso.

Debe tener información específica sobre el empleo ofrecido, incluye el título del puesto, las responsabilidades y deberes asociados al mismo. Es importante que el contrato describa las habilidades y calificaciones requeridas para el puesto, así como las condiciones de empleo, incluyendo el salario ofrecido y cualquier beneficio adicional como seguros de salud, vacaciones pagadas y otras compensaciones.

Es necesario especificar la duración del empleo, si es una posición temporal o permanente, y las expectativas en cuanto al horario de trabajo y las horas semanales, si el puesto requiere capacitación adicional, esto debe ser detallado en el contrato.

La carta de oferta de empleo debe ser detallada y debe estar firmada por el empleador, debe incluir el nombre y la dirección del empleador, el nombre del empleado propuesto y los términos de la oferta de empleo. La carta debe explicar por qué el solicitante es adecuado para el puesto y cómo sus habilidades y experiencia cumplen con los requisitos del trabajo, es importante que la carta explique cualquier esfuerzo realizado por el empleador para contratar a trabajadores estadounidenses antes de ofrecer el puesto al solicitante extranjero.

Ambos documentos deben ser redactados en inglés. Si alguno de los documentos originales no está en inglés, se debe proporcionar una traducción certificada junto con el documento original.

Para asegurarte de que el contrato de trabajo o la carta de oferta cumplan con todos los requisitos, es recomendable trabajar con un abogado de inmigración que pueda revisar los documentos y proporcionar orientación sobre cualquier ajuste necesario. Esto ayuda a evitar errores o omisiones que puedan retrasar el proceso de solicitud.

Mantén copias de todos los documentos presentados y asegúrate de que toda la información sea precisa y actualizada. Un contrato de trabajo bien elaborado y una carta de oferta clara y detallada son elementos clave para demostrar la seriedad del patrocinio laboral y aumentar las posibilidades de obtener la residencia permanente.

Documentos Financieros

Son esenciales para demostrar que tú o tu patrocinador se mantienen y no te convertirás en una carga pública en Estados Unidos. Estos documentos deben proporcionar una imagen clara y completa de la situación financiera y deben estar organizados de manera meticulosa y coherente.

Incluyen declaraciones de impuestos, comprobantes de ingresos y pruebas de solvencia económica. Deben presentarse de manera ordenada, en un archivador o carpeta con separadores claros y etiquetados. Cada sección debe contener una tabla de contenido que indique qué documentos se encuentran en ella.

Para garantizar que sean fáciles de revisar, organiza cada sección, con los documentos más recientes en la parte superior. Incluye copias claras y legibles de todos los documentos, y si algún documento no está en inglés, proporciona una traducción certificada.

Ve que cada documento esté completo y firmado donde corresponda. Cualquier documento incompleto o ilegible retrasa tu solicitud o resultar en una solicitud de pruebas adicionales (RFE) por parte del USCIS.

Declaraciones de impuestos

Cada declaración debe incluir todas las páginas y anexos correspondientes, como el Formulario 1040 y cualquier otro formulario adicional que haya sido presentado, incluye las W-2, 1099 u otros documentos de ingresos que respalden las cifras reportadas en las declaraciones de impuestos.

Es importante que estén firmadas y fechadas, si has presentado tus impuestos de modo electrónico, incluye la página de confirmación de la presentación electrónica, cualquier declaración enmendada debe estar identificada y acompañada por los formularios originales para proporcionar un contexto completo.

Si eres un empleado por cuenta propia, incluye detalles adicionales como una copia del Schedule C (Formulario 1040) para mostrar tus ingresos netos, es útil dar estados financieros del negocio, si el negocio es el principal fuente de ingresos.

Para los patrocinadores, incluir una carta de empleo que confirme el salario y el estatus de empleo actual refuerza las declaraciones de impuestos. Esta carta debe ser reciente, firmada por un representante autorizado del empleador y detallada en cuanto a salario anual y duración del empleo.

Organiza las declaraciones de impuestos en un orden lógico y cronológico, comenzando con el año fiscal más reciente. Utiliza separadores y etiquetas claras para facilitar la revisión por parte de los funcionarios de inmigración.

Comprobantes de ingresos o solvencia económica

Los comprobantes de ingresos y pruebas de solvencia económica son documentos esenciales que demuestran tu capacidad para mantenerte o para que tu patrocinador te mantenga. Estos incluyen talones de pago, cartas de empleo, extractos bancarios y otros documentos financieros relevantes.

Los talones deben ser recientes y abarcar al menos los últimos seis meses, ve que cada talón de pago sea claro y legible, mostrando el nombre del empleador, el nombre del empleado, las fechas de pago y el salario bruto y neto. Organiza estos talones y utiliza separadores para facilitar la revisión.

Las cartas de empleo deben ser detalladas y actuales, estar escritas en papel membretado de la empresa y firmadas por un representante autorizado, incluir el salario anual, la duración del empleo y la posición del empleado dentro de la empresa, es útil incluir detalles sobre cualquier bonificación o compensación adicional.

Los extractos bancarios son otra forma de demostrar solvencia económica. Deben abarcar al menos los últimos seis meses y mostrar un saldo constante que respalde la capacidad de mantenimiento económico, ve que sean completos y muestren todas las transacciones relevantes. Organiza estos documentos y proporciona una explicación para cualquier depósito o retiro significativo que pueda levantar preguntas.

Incluye otros documentos financieros como registros de inversiones, propiedades y cualquier otra fuente de ingresos. Estos documentos deben ser claros y estar acompañados de una explicación de cómo contribuyen a tu solvencia económica.

Otros documentos relevantes

En el proceso de solicitud de residencia permanente, hay una variedad de otros documentos relevantes que son necesarios según tu situación personal. Estos ayudan a dar un cuadro completo de tu historial y situación actual, asegurando que los oficiales de inmigración tengan toda la información necesaria para tomar una decisión informada.

Los documentos relevantes incluyen certificados de matrimonio o divorcio, antecedentes penales y registros médicos, es bueno que todos estos sean oficiales, completos traducidos al inglés si es necesario. Ve que estén en buen estado y sean legibles. Mantén todos estos documentos organizados en una carpeta o archivo con separadores claros y etiquetas, lo que facilitará su revisión.

Debes tener copias adicionales de todos los documentos importantes y una copia digital para referencia rápida. Esto es útil en caso de que se te soliciten pruebas adicionales durante el proceso de solicitud.

Certificados de matrimonio/divorcio

Los certificados de matrimonio y divorcio son necesarios para demostrar tu estado civil y cualquier cambio en este estado. El certificado de matrimonio debe ser una copia oficial emitida por la autoridad gubernamental competente e incluir detalles como los nombres completos de ambos cónyuges, la fecha y el lugar del matrimonio, revisa que el documento sea legible y no tenga tachaduras ni enmiendas.

Si has estado casado más de una vez, proporciona certificados de matrimonio y de divorcio para cada matrimonio anterior. El certificado de divorcio, conocido como decreto de divorcio, debe ser una copia oficial y tener la fecha y el lugar donde se finalizó el divorcio, así como los nombres completos de las partes involucradas. Es esencial que este documento sea claro y no contenga errores ni enmiendas.

En algunos casos, es posible que necesites una traducción certificada de estos documentos si no están en inglés. La traducción debe ser realizada por un traductor profesional que certifique que es una traducción completa y precisa del documento original. Además, es recomendable incluir una declaración del traductor certificando su competencia para traducir el documento.

Para facilitar el proceso de revisión, organiza estos y utiliza separadores claros en tu carpeta o archivo, revisa todos los documentos para garantizar que sean completos y estén actualizados antes de presentarlos.

Antecedentes penales y certificados de antecedentes

Debes obtener estos documentos de cada país en el que hayas vivido durante seis meses o más desde los 16 años.

Estos certificados deben ser emitidos por una autoridad gubernamental competente y deben incluir tu nombre completo, fecha de nacimiento y cualquier registro de antecedentes penales. Si no tienes antecedentes penales, debe declarar que no hay registros en tu contra, ve que sean legibles y no tengan enmiendas.

Es importante organizar estos documentos de manera cronológica y utilizar separadores y etiquetas claras para facilitar su revisión. Mantén copias adicionales y digitales de estos documentos para referencia rápida y para enviarlos si se te solicita.

Registros médicos (si es necesario)

Son necesarios para demostrar que cumples con los requisitos de salud para la residencia permanente en Estados Unidos, esto implica someterse a un examen médico realizado por un médico autorizado por el USCIS. Los resultados deben ser presentados en el Formulario I-693, Informe de Examen Médico y Registro de Vacunas.

El examen médico incluye una revisión general de tu salud, pruebas de tuberculosis, y una verificación de que has recibido todas las vacunas necesarias. Es importante llevar tu historial de vacunación y cualquier otro registro médico relevante a la cita con el médico autorizado para facilitar el proceso.

Una vez completado el examen, el médico te dará el Formulario I-693 en un sobre sellado. No abras este sobre; debe ser presentado tal como está al USCIS, revisa con el médico que todos los campos del formulario estén completos y que no falte ninguna información.

Si tienes condiciones médicas preexistentes, es recomendable llevar toda la documentación relacionada, incluyendo informes médicos y registros de tratamientos anteriores. Esto ayudará al médico a realizar una evaluación completa y precisa de tu estado de salud.

Capítulo 4: Presentación de la solicitud

Vamos con el proceso de presentar la solicitud con cada uno de los formularios, para que conozcas cómo llenarlos y lo que debes tener en cuenta en el proceso

Formulario I-130 (Petición de Familiar Extranjero)

Para completar, primero necesitas reunir toda la información básica sobre ti y tu familiar. Tú, como peticionario, deberás proporcionar detalles como tu nombre completo, dirección, y fecha de nacimiento, así como tu número de Seguro Social si eres ciudadano estadounidense o residente permanente, tendrás que incluir información sobre tu familiar, como su nombre completo, dirección en el extranjero, y su relación contigo. Es crucial que toda la información sea precisa y que los documentos de respaldo estén en orden. Estos incluyen pruebas de tu estatus legal en Estados Unidos, como tu certificado de ciudadanía o tu tarjeta de residencia, y pruebas de tu relación con la persona para la que estás presentando la solicitud, como certificados de nacimiento o matrimonio.

El Formulario I-130 debe ser presentado por el ciudadano estadounidense o residente permanente que está solicitando traer a su familiar a los Estados Unidos. Una vez completado el formulario y reunida la documentación necesaria, deberás enviarlo a la oficina de USCIS correspondiente, paga la tarifa de presentación y de incluir el recibo de pago con tu solicitud. Recibirás una notificación de recibo de USCIS confirmando que han recibido tu petición, seguirás los pasos del proceso de inmigración según las instrucciones de USCIS.

Formulario I-140 (Petición de Inmigrante por Empleado)

Debe ser completado por el empleador que desea patrocinar a un empleado extranjero para la residencia permanente en los Estados

Unidos, deberá proporcionar información detallada sobre la empresa, incluyendo su nombre, dirección, y número de identificación fiscal, deberá incluir detalles sobre el empleado, como su nombre completo, fecha de nacimiento, y país de origen. Es necesario que el empleador demuestre que tiene la capacidad de pagar el salario ofrecido al empleado, lo cual se hace dando registros financieros de la empresa.

El proceso de llenado del Formulario I-140 incluye la presentación de evidencia que respalde la calificación del empleado para el puesto ofrecido. Esto incluye títulos académicos, certificados de experiencia laboral y cualquier otro documento relevante. Una vez completado el formulario y reunida la documentación de respaldo, el empleador debe enviarlo a la oficina de USCIS correspondiente junto con la tarifa de presentación. Después de la presentación, USCIS emitirá una notificación de recibo. Si se aprueba la petición, el empleado extranjero podrá proceder con los siguientes pasos hacia la obtención de su residencia permanente.

Formulario I-485 (Solicitud de Registro de Residencia Permanente)

Es utilizado por aquellos que ya están en los Estados Unidos y desean ajustar su estatus a residente permanente. Para completarlo, necesitarás proporcionar información detallada sobre ti, incluyendo tu nombre completo, dirección, y número de Seguro Social. También deberás indicar tu estatus migratorio actual y la base bajo la cual estás solicitando el ajuste de estatus, ya sea por empleo, por un familiar, o por otro motivo.

Es importante que revises las instrucciones del formulario para incluir toda la información y documentación necesaria. Esto incluye evidencia de tu entrada legal a los Estados Unidos, como tu I-94, así como pruebas de tu relación con el peticionario si aplicas a través de un familiar. Una vez completado el formulario y reunida la documentación de respaldo, deberás enviar todo a la oficina de USCIS correspondiente junto con la tarifa de presentación.

Proceso de ajuste de estatus para aquellos dentro de Estados Unidos

El proceso de ajuste de estatus implica varios pasos adicionales después de la presentación. Primero, recibirás una notificación de recibo de USCIS confirmando que tu solicitud ha sido recibida. A continuación, USCIS te programará para una toma de datos biométricos, donde se tomarán tus huellas dactilares, fotografías y firma. Esta información se utiliza para realizar una verificación de antecedentes.

Después de la toma de datos biométricos, podrías ser llamado a una entrevista con un oficial de USCIS. Durante esta, se te harán preguntas sobre tu solicitud y tu elegibilidad para el ajuste de estatus. Es fundamental que te prepares bien para esta entrevista, llevando contigo todos los documentos originales de respaldo.

Documentación adicional y requisitos

La que necesitarás para tu solicitud de ajuste de estatus puede variar dependiendo de tu situación específica, deberás dar copias de tus documentos de identidad, como tu pasaporte y cualquier visa anterior, se requiere una prueba de tu entrada legal a los Estados Unidos, lo cual suele ser tu I-94 o tu sello de entrada en el pasaporte.

Si estás solicitando a través de un familiar, necesitarás documentos que prueben esa relación, como certificados de nacimiento o matrimonio. Si es basada en empleo, necesitarás cartas de tu empleador y cualquier certificado de experiencia laboral relevante, es crucial que demuestres que no tienes antecedentes penales y que no representas una amenaza para la seguridad pública. Esto se hace dando certificados de antecedentes penales de cualquier país en el que hayas vivido durante un período prolongado.

Formulario DS-260 (Solicitud de Visa de Inmigrante y Registro de Extranjero)

El Formulario DS-260, conocido como la Solicitud de Visa de Inmigrante y Registro de Extranjero, es un documento esencial para aquellos que buscan obtener una visa de inmigrante y aplicar desde fuera de Estados Unidos. Este se completa en línea a través del Centro Consular de Solicitudes Electrónicas (CEAC) del Departamento de Estado de los Estados Unidos.

Para empezar, necesitas tener a la mano tu número de caso, que recibirás después de que tu petición de inmigrante haya sido aprobada por el USCIS y enviada al Centro Nacional de Visas (NVC). El número de caso es crucial para acceder al formulario en el sitio web del CEAC. Una vez dentro, deberás completar secciones detalladas sobre tu información personal, historial familiar, historial educativo y laboral, así como cualquier antecedente de viajes o estancias anteriores en los Estados Unidos.

El formulario te pedirá información como tu nombre completo, fecha de nacimiento, país de nacimiento y nacionalidad, deberás dar detalles sobre tu dirección actual y direcciones anteriores, información sobre tus padres, cónyuge e hijos, si aplica, se te solicitarán datos sobre tu historial educativo y laboral, incluyendo los nombres y direcciones de las instituciones educativas y empleadores anteriores.

Debes ser honesto y preciso al completar el Formulario DS-260. Cualquier discrepancia o falsificación resulta en la negación de tu solicitud de visa. Después de llenar todas las secciones, tendrás que revisar toda la información antes de enviar el formulario. Una vez enviado, no podrás hacer cambios, así que ve que todos los datos sean correctos y completos.

Después de enviar el Formulario DS-260, recibirás una página de confirmación que deberás imprimir y guardar. Esta será necesaria para tu entrevista consular, el NVC revisará tu formulario y te contactará con instrucciones adicionales, que incluyen el envío de documentos de respaldo como certificados de nacimiento, pasaportes, y pruebas de patrocinio financiero.

Deberás asistir a una entrevista en la embajada o consulado de Estados Unidos en tu país de residencia, durante esta, un oficial consular revisará tu solicitud y la documentación de respaldo, y te hará preguntas para verificar la información. Si todo está en orden y cumples con los requisitos, tu visa de inmigrante será aprobada, y podrás viajar a Estados Unidos para completar el proceso de inmigración.

Capítulo 5:

Proceso de revisión y entrevista

Te explico cómo se va dando este proceso poco a poco mientras haces la solicitud.

Confirmación de recepción

Una vez que envías tu solicitud al USCIS, recibirás una notificación de recibo conocida como Formulario I-797C, Aviso de Acción. Este es esencial, ya que confirma que tu solicitud ha sido recibida y está siendo procesada. El Aviso de Acción incluirá tu número de recibo, una clave importante que te permitirá monitorear el progreso en línea.

El número se compone de tres letras y diez números, las letras indican el centro de servicio donde se está procesando tu solicitud, mientras que los números representan el año, la semana, y el número de caso específico. Para monitorear el estatus de tu solicitud, visita el sitio web del USCIS y utiliza la herramienta "Case Status Online". ingresa tu número de recibo en el campo correspondiente y podrás ver el estado actual de tu caso. Este servicio te permitirá verificar si ha sido aceptada, si hay alguna solicitud de evidencia adicional, o si ha habido algún cambio en el estatus de tu solicitud.

Es importante que guardes la notificación de recibo en un lugar seguro, ya que necesitarás el número para cualquier comunicación futura, deberías recibir actualizaciones por correo a medida que avance en el proceso. Si en algún momento necesitas ayuda adicional o tienes preguntas sobre tu caso, contacta a través de su línea de atención al cliente o programar una cita en una oficina local.

Cita para datos biométricos

Después de que tu solicitud ha sido recibida y procesada, recibirás una notificación para una cita de datos biométricos. Este es un paso en el proceso de solicitud, ya que USCIS necesita tomar tus huellas dactilares, fotografía y firma para verificar tu identidad y realizar verificaciones de antecedentes.

La notificación incluirá la fecha, hora y lugar de tu cita, es importante que asistas a esta en la fecha y hora especificadas. Si por alguna razón no puedes asistir, deberás contactar al USCIS lo antes posible para reprogramar. No asistir sin notificar resulta en retrasos significativos o incluso en la denegación de tu solicitud.

Cuando llegues al Centro de Asistencia en Solicitudes (ASC) para tu cita, deberás presentar la notificación y una identificación válida con foto, como tu pasaporte o licencia de conducir. En el ASC, te tomarán las huellas dactilares y te tomarán una fotografía, te pedirán que firmes un formulario para confirmar tu identidad y la exactitud de la información proporcionada en tu solicitud.

El procedimiento suele ser rápido y sencillo, dura entre 15 y 30 minutos, puede haber tiempos de espera dependiendo de cuán ocupado esté el ASC. Es recomendable llegar unos minutos antes de tu cita para tener tiempo suficiente para pasar por el control de seguridad y registrarte.

Después de que se han tomado tus datos biométricos, utilizará esta información para realizar verificaciones de antecedentes con diversas agencias de seguridad. Estas verificaciones son una parte esencial del proceso de solicitud, ya que ayudan a asegurar que no representas una amenaza para la seguridad pública y que cumples con los requisitos de elegibilidad para la Green Card.

Entrevista de inmigración

Prepararte marca la diferencia entre el éxito y el retraso en tu solicitud, para comenzar, revisa toda la documentación que enviaste. Familiarízate con los detalles, ya que el oficial de inmigración te hará preguntas basadas en esta información. Lleva copias de todos los documentos importantes, como tu pasaporte, formularios de solicitud, certificados de nacimiento y matrimonio, y cualquier correspondencia con el USCIS, prepara cualquier evidencia adicional que respalde tu caso, como fotografías, cartas o recibos.

Viste de manera profesional y apropiada para causar una buena impresión, mantén una actitud calmada y respetuosa durante toda la entrevista. El oficial está allí para evaluar tu elegibilidad y honestidad, por lo que es esencial que respondas todas las preguntas con claridad y veracidad.

Practica responder preguntas comunes antes de la entrevista, te ayudará a sentirte más seguro y preparado, a continuación, te presento una lista de preguntas típicas y cómo podrías responderlas:

¿Por qué quieres vivir en los Estados Unidos?

Explica tus razones personales o familiares para querer establecerte en el país, destacando tu compromiso con vivir y contribuir a la sociedad estadounidense.

¿Cómo conociste a tu cónyuge?

Relata la historia de cómo conociste a tu pareja, proporcionando detalles sobre dónde y cuándo se conocieron, y cómo ha evolucionado su relación.

¿Dónde te alojarás cuando llegues?

Proporciona la dirección completa y detalles sobre el lugar donde planeas vivir, mostrando que tienes un plan claro y estable.

¿Qué haces para ganarte la vida?

Describe tu ocupación actual y tus planes profesionales en Estados Unidos, enfatizando cómo contribuirás a la economía y sociedad del país.

¿Tienes algún familiar en Estados Unidos?

Menciona cualquier pariente que viva en el país, proporcionando detalles sobre su relación contigo y su situación actual.

¿Has visitado Estados Unidos antes?

Proporciona detalles de cualquier viaje previo al país, incluyendo las fechas, propósitos de las visitas y duración de la estancia.

¿Tienes antecedentes penales?

Responde con sinceridad. Si tienes antecedentes, explica las circunstancias y cualquier acción que hayas tomado para remediar la situación.

¿Cuánto tiempo has estado casado?

Da la duración exacta de tu matrimonio y cualquier detalle relevante que demuestre la autenticidad de tu relación.

¿Cómo te mantendrás económicamente?

Explica tu plan financiero, incluyendo empleo, ahorros o apoyo de familiares, mostrando que no dependerás de la asistencia pública.

¿Qué harás si tu solicitud es rechazada?

Muestra que tienes un plan alternativo y que respetarás las decisiones de inmigración, aunque esperas con confianza que tu solicitud sea aprobada.

Revisión de la solicitud

El proceso de verificación de documentos y antecedentes es un paso esencial para asegurar que cumples con todos los requisitos de elegibilidad. Una vez que tu solicitud ha sido recibida y has completado la cita de datos biométricos, el USCIS comenzará a revisar toda la documentación que has proporcionado. Esto incluye verificar la autenticidad de tus documentos de identidad, certificados de nacimiento y matrimonio, y cualquier otro documento de respaldo que hayas enviado.

Se realizará verificaciones de antecedentes utilizando tus datos biométricos. Estas verificaciones se llevan a cabo a través de varias bases de datos de agencias gubernamentales para asegurarse de que no tengas antecedentes penales que te descalifiquen para la residencia permanente. Es importante que no tengas registros de actividades criminales graves, ya que esto puede resultar en la negación de tu solicitud.

Aparte de las verificaciones de antecedentes, revisará tus registros de inmigración anteriores. Esto incluye cualquier visa que hayas tenido, fechas de entrada y salida del país, y cualquier solicitud de inmigración previa. Si has violado las leyes de inmigración en el pasado, como por ejemplo, al quedarte más tiempo del permitido con una visa anterior, esto podría afectar negativamente tu solicitud.

Se solicita evidencia adicional si consideran que la información proporcionada no es suficiente. Esto incluye cartas de empleo, pruebas adicionales de tu relación familiar, o registros médicos. Responde a cualquier solicitud de evidencia adicional de manera oportuna y completa.

Una vez que toda la documentación ha sido verificada y las verificaciones de antecedentes han sido completadas, tu solicitud será evaluada en su totalidad. Si todo está en orden y no hay problemas adicionales, el USCIS programará tu entrevista de inmigración. En esta entrevista, el oficial de inmigración revisará tu solicitud una vez más y te hará preguntas para confirmar la veracidad de la información proporcionada.

Capítulo 6:
Decisión y seguimiento

Ahora viene un proceso importante, ya cuando deciden si te la dan o no.

Aprobación de la solicitud

La recepción de la notificación de aprobación es un momento emocionante y crucial en tu camino hacia la residencia permanente. Una vez ha sido aprobada, recibirás una notificación formal. Esta notificación, conocida como Notificación de Aprobación (Formulario I-797), llegará por correo y confirmará que tu solicitud ha sido aceptada.

Lee a detalle para confirmar de que toda la información sea correcta y esté actualizada. La notificación incluirá detalles sobre los siguientes pasos, que incluyen la programación para la entrega, guarda esta notificación en un lugar seguro, ya que es necesaria para futuras referencias.

El siguiente paso es el procedimiento para recibir la tarjeta de residencia. Una vez aprobada se comenzará a procesar la emisión de tu tarjeta. Este proceso toma varias semanas, durante las cuales se verificarán todos los detalles y se imprimirá tu tarjeta. La tarjeta será enviada a la dirección que proporcionaste en tu solicitud, por lo que debes tenerla correcta y actualizada. Si te mudas durante este período, notifícalo para evitar retrasos o problemas en la entrega.

Llegará por correo en un sobre seguro. Al recibirla, verifica que toda la información impresa sea correcta. Esto incluye tu nombre, fecha de nacimiento, número de registro de extranjero, y fecha de expiración de la tarjeta. Si encuentras algún error, contacta al USCIS de inmediato para corregirlo.

Una vez que tengas en tus manos, debes familiarizarte con tus derechos y responsabilidades como residente permanente. Esto incluye llevar contigo en todo momento como prueba de tu estatus, cumplir con las leyes estadounidenses, y pagar impuestos. Además, asegúrate de conocer el procedimiento para renovar tu tarjeta antes de que expire, generalmente cada diez años, y los requisitos para mantener tu residencia, como no permanecer fuera de Estados Unidos por períodos prolongados sin un permiso de reingreso.

Recibir es un logro significativo, pero marca el comienzo de tu nueva vida como residente permanente en Estados Unidos. Es una responsabilidad mantener tu estatus y cumplir con todas las regulaciones y requisitos. Si tienes alguna pregunta o inquietud sobre tu estatus o sobre cómo mantenerlo, considera consultar con un abogado de inmigración o con los recursos disponibles en el sitio web de USCIS.

Solicitud de información adicional

Responder a una Solicitud de Pruebas (RFE, por sus siglas en inglés) es necesario si se necesita información adicional para procesar tu solicitud de residencia permanente. Una RFE es una oportunidad para proporcionar evidencia adicional y fortalecer tu caso. Recibir una no significa que tu solicitud será denegada; solo indica que se requiere más información para tomar una decisión.

Cuando recibas una, lee el documento cuidadosamente, se detallará la información específica que se necesita y da instrucciones sobre cómo presentar esta información, debes seguir estas al pie de la letra para asegurar que tu respuesta sea aceptada.

Prepara la documentación adicional solicitada de manera organizada y clara, coloca una copia con tu respuesta y de etiquetar cada documento adicional de manera que sea fácil de identificar. Proporciona una explicación clara y concisa de cada documento y cómo responde a la solicitud de pruebas.

Debes enviar tu respuesta dentro del plazo especificado que es de 30 a 90 días. Si necesitas más tiempo, pide una extensión, pero esto debe hacerse antes de que expire el plazo original. Responder a tiempo es crucial para evitar que tu solicitud sea denegada por falta de respuesta.

Plazos y documentos adicionales requeridos

Los plazos son estrictos y es vital cumplirlos para evitar retrasos o la denegación de tu solicitud, cuando recibas una, el documento especificará un plazo dentro del cual debes responder. Este es de 30 a 90 días desde la fecha de emisión de la RFE. No cumplir con este plazo termina en la denegación automática de tu solicitud.

Para cumplir con los plazos, organiza y prepara los documentos adicionales requeridos. Estos tienen pruebas de relación familiar, documentos financieros adicionales, certificados de antecedentes penales, o cualquier otro tipo de evidencia que USCIS necesite para procesar tu solicitud.

Cada documento adicional debe ser una copia clara y legible del original. Si el documento no está en inglés, debe estar acompañado por una traducción certificada, debe ser precisa y completa, e incluir una declaración del traductor certificando su competencia para traducir el documento.

Organiza de manera lógica y clara, utiliza un sistema de etiquetado para identificar cada documento y proporciona una explicación breve de cómo cada uno responde a los puntos específicos de la RFE. Incluye una copia de la RFE original con tu respuesta y una carta de presentación que resuma tu respuesta y los documentos adjuntos.

Envía tu respuesta utilizando un método de envío que permita el seguimiento y la confirmación de entrega. Esto asegura que puedas verificar que USCIS ha recibido tu respuesta dentro del plazo especificado.

Denegación de la solicitud

En caso de que sea denegada, ten la calma y actúa de manera proactiva, ella es conocida como una Notificación de Decisión, detallará los motivos específicos por los que tu solicitud no fue aprobada. Lee para entender las razones exactas y los próximos pasos que puedes tomar.

El primer paso es evaluar los motivos, se incluirá información sobre si tienes la opción de apelar la decisión o si debes presentar una nueva, sigue las instrucciones proporcionadas en la notificación y de cumplir con cualquier plazo específico mencionado para apelar o reaplicar.

Si tienes la opción de apelar, deberás presentar un Formulario I-290B, Aviso de Apelación o Moción. Este debe ser presentado dentro de los 30 días posteriores a la fecha de la notificación de denegación. En tu apelación, deberás explicar por qué crees que la decisión fue incorrecta y dar cualquier evidencia adicional que respalde tu caso. Es recomendable buscar la ayuda de un abogado de inmigración para preparar y presentar tu apelación, ya que el proceso puede ser complejo y técnico.

Si no tienes la opción de apelar o prefieres presentar una nueva solicitud, aborda todas las razones en tu nueva presentación. Revisa todos los documentos y la información que proporcionaste y corrige cualquier error o deja evidencia adicional que pueda fortalecer tu caso. Una nueva solicitud es una oportunidad para presentar un caso más sólido y completo.

Razones comunes de denegación

Estas se dividen en categorías como problemas con la documentación, inadmisibilidad, y falta de cumplimiento con los requisitos específicos del tipo de visa solicitada.

Una de las más frecuentes es la presentación de documentación incompleta o incorrecta, incluye formularios que no están llenados, falta de firmas, o no dar toda la evidencia necesaria para respaldar tu caso. La precisión y la integridad de la documentación son cruciales para el éxito de tu solicitud.

Otra razón común es la inadmisibilidad del solicitante bajo las leyes de inmigración de Estados Unidos. Las causas de inadmisibilidad incluyen antecedentes penales, problemas de salud pública, violaciones anteriores de las leyes de inmigración, o la incapacidad de demostrar que no te convertirás en una carga pública. Cada una de estas razones requiere una revisión cuidadosa de tu historial personal y legal para asegurarte de que cumples con todos los requisitos.

Problemas financieros llevan a la denegación de una solicitud. No demostrar que puedes mantenerte o que tu patrocinador tiene los recursos financieros para apoyarte es motivo de denegación. Esto requiere una evaluación detallada de tus ingresos, activos y cualquier soporte financiero que puedas recibir.

Faltas de cumplimiento con los requisitos específicos del tipo de visa que estás solicitando son otro motivo común, para una visa basada en el empleo, es necesario demostrar que el trabajo ofrecido es genuino y que el empleador ha seguido todos los procedimientos necesarios para contratar a un trabajador extranjero. En el caso de visas basadas en la familia, es esencial demostrar la autenticidad de la relación familiar.

La falta de responder a una Solicitud de Pruebas (RFE) resulta en la denegación de tu solicitud. No dar la información adicional solicitada dentro del plazo especificado o no abordar todos los puntos mencionados en la RFE puede llevar a una decisión negativa.

Procedimientos para apelar o re-aplicar

Tienes dos opciones principales: apelar la decisión o presentar una nueva solicitud. Cada una tiene sus propios procedimientos y consideraciones que debes tener en cuenta.

Para apelar una decisión de denegación, deberás presentar un Formulario I-290B, Aviso de Apelación o Moción, dentro de los 30 días posteriores a la notificación de denegación, explica por qué crees que la decisión fue incorrecta. Esto puede incluir presentar nueva evidencia que no fue considerada o argumentar que hubo un error en la interpretación de la ley por parte del USCIS.

Si decides presentar una nueva solicitud en lugar de apelar, aborda todas las razones de la denegación inicial. Revisa todos los documentos y la información que proporcionaste en tu solicitud original y corrige cualquier error o da evidencia adicional que fortalezca tu caso. Una nueva solicitud puede ofrecerte la oportunidad de presentar un caso más completo y detallado.

Para reaplicar, comienza por reunir toda la documentación requerida y ve que esté completa y actualizada. Es importante que cualquier nueva evidencia que presentes aborde específicamente los motivos de la denegación inicial. También considera incluir una carta de presentación que explique cómo has corregido los problemas que llevaron a la denegación.

Mantén una comunicación clara y constante con el USCIS durante todo el proceso. Si recibes una nueva Solicitud de Pruebas (RFE), responde de manera oportuna y asegúrate de proporcionar toda la información solicitada. La organización y la preparación son clave para aumentar las posibilidades de éxito en tu nueva solicitud.

Capítulo 7: Recibiendo y usando la Green Card

Ya tienes la suerte de haber recibido la añorada green card, es hora de hacer buen uso de ella.

Recepción de la Green Card

Recibir es un momento emocionante, marcando el inicio de tu vida como residente permanente en los Estados Unidos. Este documento te permite vivir y trabajar en el país de manera indefinida, y conlleva una serie de responsabilidades y beneficios que debes conocer y gestionar.

Una vez que tu solicitud ha sido aprobada, se procesará la emisión de tu Green Card y te la enviará por correo, ten tu dirección actualizada con USCIS para asegurarte de recibirla sin problemas. El sobre en el que llegará la tarjeta será seguro y debe abrirse con cuidado para no dañar la tarjeta en su interior.

Cuando recibas, lo primero que debes hacer es verificar toda la información impresa en la tarjeta para ver que sea correcta. La tarjeta contendrá tu nombre completo, fecha de nacimiento, sexo, país de nacimiento, y el número de registro de extranjero (A-Number). También incluirá la fecha de expiración de la tarjeta, que es crucial para saber cuándo necesitarás renovarla.

Si encuentras algún error en la información impresa, debes contactar de inmediato para corregirlo. Puedes hacerlo a través del Formulario I-90, Solicitud para Reemplazar la Tarjeta de Residente Permanente. Este proceso toma algún tiempo, por lo que es importante actuar para ver que tienes una tarjeta válida y precisa.

Aparte de verificar la información, debes familiarizarte con tus derechos y responsabilidades como residente permanente. Tienes derecho a vivir y trabajar en cualquier parte de Estados Unidos, pero también tienes la obligación de cumplir con las leyes federales, estatales y locales. Debes pagar impuestos sobre tus ingresos y, en algunos casos, puedes ser elegible para beneficios de seguridad social y otros servicios públicos.

Tu Green Card es una prueba física de tu estatus legal en el país, y debes llevarla contigo en todo momento, es necesaria para acceder a servicios, viajar y trabajar legalmente en Estados Unidos. Si alguna vez pierdes tu tarjeta o te la roban, debes informar inmediatamente y solicitar una de reemplazo utilizando el Formulario I-90.

Una vez que tienes comienzas a pensar en el proceso de naturalización si decides convertirte en ciudadano estadounidense. Después de cumplir ciertos requisitos de residencia y otros criterios, pide la ciudadanía a través del Formulario N-400, Solicitud de Naturalización.

Renovación y mantenimiento de la Green Card

Ella tiene una validez de 10 años para la mayoría de los residentes permanentes. Es importante que mantengas esta válida y renovada para evitar problemas legales y para poder continuar viviendo y trabajando sin interrupciones. El proceso de renovación es esencial y debe iniciarse seis meses antes de la fecha de expiración de la tarjeta actual.

Para renovar, debes presentar el Formulario I-90, Solicitud para Reemplazar la Tarjeta de Residente Permanente. Este formulario puede completarse en línea a través del sitio web de USCIS o enviarse por correo, da toda la información requerida, incluidos tus datos personales y la razón de la solicitud (en este caso, renovación).

El Formulario debe ir acompañado de la tarifa de solicitud, a menos que califiques para una exención de tarifas. Se te proporcionará instrucciones específicas sobre cómo pagar la tarifa y qué documentos adicionales, si los hay, deben incluirse con tu solicitud. Después de enviar el formulario, recibirás una notificación de recibo que confirma que USCIS ha recibido tu solicitud.

Se te programará una cita para tomar tus datos biométricos, que incluyen huellas dactilares, fotografía y firma. Esta información se utiliza para verificar tu identidad y antecedentes. Es importante asistir a esta cita y llevar todos los documentos requeridos, incluyendo tu notificación de cita y una identificación válida.

Aparte de la renovación, ten tu residencia cumpliendo con ciertas obligaciones legales. Debes informar cada vez que cambies de dirección dentro de los 10 días posteriores a tu mudanza, utilizando el Formulario AR-11, Cambio de Dirección. Mantener tu dirección actualizada garantiza que recibirás todas las notificaciones importantes de USCIS.

Evita permanecer fuera de Estados Unidos por períodos prolongados sin un permiso adecuado. Ausencias de más de seis meses da dudas sobre tu intención de residir permanentemente en el país y afectan tu estatus de residente. Si planeas estar fuera por más de un año, es recomendable obtener un Permiso de Reingreso utilizando el Formulario I-131 para evitar problemas al regresar.

Otra obligación clave es cumplir con las leyes fiscales, debes declarar y pagar impuestos sobre tus ingresos a nivel federal, estatal y local, según corresponda. El incumplimiento de las leyes fiscales tiene graves consecuencias y afectar tu estatus de residente permanente. Como residente permanente, tienes la opción de solicitar la ciudadanía estadounidense después de cumplir ciertos requisitos de residencia continua, buen carácter moral y conocimientos básicos de inglés e historia de Estados Unidos. Convertirse en ciudadano te otorga derechos adicionales, como el derecho a votar y la protección completa bajo la ley.

Viajar con la Green Card

Tener una Green Card te otorga derechos significativos, incluyendo la capacidad de viajar libremente fuera y dentro de los Estados Unidos, pero, es importante entender tanto los derechos de viaje que tienes como las restricciones y requisitos de reingreso para asegurar que tu estatus de residente permanente no se vea comprometido.

Como residente permanente, tienes el derecho de viajar fuera de los Estados Unidos y regresar. Tu Green Card te permite entrar y salir del país sin la necesidad de obtener una visa adicional para cada viaje, hay algunas restricciones y consideraciones importantes que debes tener en cuenta para evitar problemas en el reingreso.

Si planeas estar fuera de Estados Unidos por menos de seis meses, generalmente no tendrás problemas al regresar. Durante este tiempo, se asume que mantienes tu residencia en Estados Unidos y que tu viaje es temporal. Es crucial llevarla contigo cuando viajes, así como un pasaporte válido del país de tu ciudadanía, asegúrate de cumplir con todas las leyes y regulaciones del país que visitas.

Para viajes que duren entre seis meses y un año, podrías enfrentar más escrutinio al regresar. Aunque es permitido, deberás estar preparado para demostrar que no has abandonado tu residencia en Estados Unidos. Esto es mostrar pruebas de que mantienes una residencia en Estados Unidos, tienes empleo, o posees propiedades. Mantener cuentas bancarias activas y pagar tus impuestos también son formas de demostrar tu intención de residir permanentemente en Estados Unidos.

Estancias fuera por más de un año requieren precauciones adicionales. Si planeas estar fuera por un periodo prolongado, debes obtener un Permiso de Reingreso (Formulario I-131) antes de salir. Este actúa como una evidencia de que tienes la intención de regresar y que no has abandonado tu residencia permanente. El Permiso de Reingreso es válido por hasta dos años y facilita tu regreso al país sin poner en riesgo tu estatus de residente.

Requisitos de reingreso a Estados Unidos

Reingresar a Estados Unidos como residente permanente implica cumplir con ciertos requisitos y procedimientos para garantizar que tu estatus no sea cuestionado. Aquí te detallo lo que necesitas saber y hacer para reingresar sin problemas.

Al regresar, los oficiales de Aduanas y Protección Fronteriza (CBP) verificarán tu identidad y estatus de residente permanente, es recomendable llevar un pasaporte válido de tu país de ciudadanía. A tu llegada, es posible que te hagan preguntas sobre la duración y propósito de tu viaje, así como sobre tu residencia y empleo en Estados Unidos. Responde estas preguntas con honestidad y claridad.

Si has estado fuera por más de seis meses, es probable que se te pregunte más detalladamente sobre tu ausencia. Es útil llevar documentación que demuestre tu intención de mantener la residencia en Estados Unidos. Esto puede incluir recibos de alquiler o hipoteca, estados de cuenta bancarios, registros de empleo y cartas de empleadores o instituciones educativas.

En caso de haber estado fuera por más de un año, debes presentar tu Permiso de Reingreso. Este documento es esencial para demostrar que no has abandonado tu residencia permanente. Sin un Permiso de Reingreso, podrías enfrentar dificultades significativas al intentar regresar a Estados Unidos, y podrías ser considerado como que has abandonado tu estatus de residente.

Es importante también estar al tanto de las leyes de inmigración y posibles cambios en las regulaciones que puedan afectar tu capacidad de viajar y reingresar. Mantente informado a través de fuentes confiables y consulta con un abogado de inmigración si tienes dudas o situaciones específicas que puedan complicar tu reingreso.

Evita permanecer fuera por períodos prolongados sin una razón válida y sin la preparación adecuada. Si tienes la intención de viajar por más de un año por razones de trabajo, estudio u otros motivos, planifica con antelación y obtén el Permiso de Reingreso para proteger tu estatus de residente.

Capítulo 8: Consejos y recursos útiles

Como cierre ten en cuenta estos consejos para que no haya inconvenientes en tu proceso de solicitud.

Consejos para un proceso exitoso

En el proceso de solicitud, hay muchos aspectos que deben tenerse en cuenta para asegurar un resultado exitoso, aparte de los pasos y recomendaciones ya discutidos, aquí te doy consejos adicionales que marcan una gran diferencia en la eficacia y eficiencia de tu solicitud.

Uno de los primeros es hacer una planificación detallada desde el inicio. Antes de comenzar el proceso de solicitud, dedica tiempo a investigar y entender todos los requisitos específicos para tu categoría de visa. Esto incluye conocer los formularios que necesitarás, los documentos de respaldo, y los plazos para cada paso del proceso. Tener un plan claro y un calendario te ayudará a mantenerte organizado y a asegurarte de que no se te pase ninguna fecha límite crucial.

Mantén una copia de todos los documentos que envíes y recibas durante el proceso de solicitud, se incluye formularios, cartas, correos electrónicos y cualquier otra comunicación con el Servicio de Ciudadanía e Inmigración de Estados Unidos (USCIS). Tener un registro completo te será útil en caso de que necesites hacer referencia a algún documento o corregir un error. Te sirve como respaldo en caso de que algún documento se pierda o se extravíe.

Establece un sistema de archivo organizado para todos tus documentos de inmigración. Utiliza carpetas etiquetadas y organizadas por categoría y fecha. Esto no solo te ayudará a encontrar fácilmente los documentos cuando los necesites, sino que facilitará la revisión por parte de los oficiales de inmigración si eres solicitado a presentar pruebas adicionales.

Una recomendación clave es estar siempre preparado para responder a solicitudes de pruebas (RFE) o preguntas adicionales del USCIS. Esto implica tener todos tus documentos actualizados y a la mano. Si recibes una RFE, respóndela lo más rápido y completamente posible. La rapidez y la precisión en tu respuesta pueden influir positivamente en la decisión final sobre tu solicitud.

La precisión es fundamental en todas las etapas del proceso, ve que toda la información en tus formularios y documentos sea exacta y coherente. Inconsistencias o errores pueden retrasar tu solicitud o, en el peor de los casos, llevar a una denegación. Si no estás seguro sobre cómo llenar un formulario o qué información incluir, no dudes en buscar ayuda profesional.

Considera consultar a un abogado de inmigración o a un consultor acreditado. Aunque no es obligatorio, contar con la asistencia de un profesional puede proporcionarte tranquilidad y asegurar que todos los aspectos de tu solicitud estén en orden. Un abogado puede ofrecerte asesoramiento personalizado, ayudarte a evitar errores comunes y representarte en caso de que surjan problemas.

No subestimes la importancia de la preparación para la entrevista de inmigración, si tu solicitud requiere una entrevista, prepárate bien. Revisa todos los documentos que has presentado y asegúrate de que puedes explicar claramente cualquier detalle sobre tu solicitud. Practica responder preguntas comunes que podrías enfrentar y de llegar a la entrevista con todos los documentos requeridos.

Familiarízate con el sitio web de USCIS y otros recursos oficiales de inmigración, ellos ofrecen una gran cantidad de información útil, incluyendo guías, respuestas a preguntas frecuentes, y actualizaciones sobre las políticas y procedimientos de inmigración. Mantenerte informado a través de fuentes confiables puede ayudarte a evitar malentendidos y a asegurarte de que estás cumpliendo con todas las regulaciones vigentes.

Mantén una comunicación abierta y constante con cualquier patrocinador familiar o empleador que esté involucrado en tu solicitud, ve que ellos entiendan sus roles y responsabilidades en el proceso. Una buena comunicación previene retrasos y ve que todas las partes estén alineadas y preparadas para cualquier eventualidad.

Sé paciente y perseverante, el proceso de obtener una es largo y a veces frustrante, pero mantener una actitud positiva y proactiva es clave. Si encuentras obstáculos o retrasos, trata de abordarlos de manera constructiva y busca soluciones prácticas.

Mantente consciente de los cambios en las leyes y políticas de inmigración. Las regulaciones pueden cambiar, y es importante estar al tanto de cualquier actualización que pueda afectar tu solicitud. Suscribirte a boletines de noticias de inmigración o seguir fuentes confiables en línea puede ayudarte a mantenerte informado.

Ten un plan de respaldo. Aunque esperamos que todo salga bien, es prudente estar preparado para diferentes escenarios. Esto puede incluir tener una estrategia en caso de que tu solicitud sea denegada, como los procedimientos de apelación o la posibilidad de re-aplicar con información adicional.

Recomendaciones para evitar errores comunes.

El proceso de solicitud es complejo y requiere una atención meticulosa a los detalles, te dejo una lista detallada de errores comunes que los solicitantes suelen cometer y cómo evitarlos.

- Formulario incompleto o incorrecto: Uno de los más comunes es no completar todos los campos del formulario o completarlos mal. Es crucial leer cada pregunta y dar toda la información solicitada. Si un campo no aplica a tu situación, escribe "N/A" en lugar de dejarlo en blanco. Usa las guías oficiales del USCIS para asegurarte de entender cada pregunta y cómo debe ser respondida. Antes de enviar el formulario, revisa todo al menos dos veces y, si es posible, pide a otra persona que lo revise también.

- Falta de firmas: Otro error frecuente es olvidarse de firmar los formularios. Todas las secciones que requieran tu firma deben ser firmadas. Si estás presentando formularios en línea, asegúrate de seguir correctamente el procedimiento de firma electrónica. Las firmas incorrectas o faltantes resultan en el rechazo inmediato de tu solicitud, lo que puede retrasar significativamente el proceso.

- Documentos ilegibles o incompletos: manda copias claras y legibles de todos los documentos requeridos. Los documentos ilegibles o incompletos causan demoras o rechazos. Usa un escáner de alta calidad para hacer copias digitales y verifica que todos los textos y sellos sean legibles. Además, asegúrate de que todos los documentos estén completos. Por ejemplo, si un certificado de nacimiento tiene varias páginas, envía todas las páginas, no solo la primera.

- Información inconsistente: La coherencia en tu solicitud es vital. Verifica que toda la información proporcionada en los diferentes formularios y documentos sea coherente. Las inconsistencias, como variaciones en la ortografía de tu nombre o diferencias en fechas importantes, pueden generar dudas y retrasar el procesamiento de tu solicitud. Mantén una lista maestra de datos clave como nombres, fechas de nacimiento y lugares de residencia para asegurarte de que se usan de manera consistente en todos los documentos.

• No mantener copias de los documentos enviados: Siempre guarda copias de todos los formularios y documentos enviados al USCIS. Tener un registro completo te será útil para futuras referencias o si necesitas presentar pruebas adicionales. Mantén un archivo digital y físico organizado de todos los documentos relacionados con tu solicitud. Esto incluye formularios, cartas, correos electrónicos y cualquier otra comunicación con el USCIS.

• No responder a una Solicitud de Pruebas (RFE) a tiempo: Si recibes una Solicitud de Pruebas (RFE), es crucial responder dentro del plazo indicado, que generalmente es de 30 a 90 días. Proporciona toda la información y documentos solicitados de manera organizada y completa. Prepara tu respuesta lo antes posible y asegúrate de que sea clara y detallada. Incluye una copia de la RFE y organiza los documentos de manera que sea fácil para los oficiales de inmigración revisar tu respuesta.

• No actualizar la dirección con USCIS: Es tu responsabilidad informar cualquier cambio de dirección al USCIS dentro de los 10 días posteriores a tu mudanza. No actualizar tu dirección puede resultar en la pérdida de comunicaciones importantes, incluyendo notificaciones de citas y solicitudes de pruebas adicionales. Puedes actualizar tu dirección en línea a través del sitio web del USCIS utilizando el Formulario AR-11.

• Enviar documentos originales sin necesidad: A menos que se te soliciten específicamente los originales, envía siempre copias de tus documentos. Los documentos originales pueden perderse o dañarse durante el proceso de revisión. Mantén los originales en un lugar seguro y presenta copias claras y legibles junto con tu solicitud. Si se requieren originales, asegúrate de enviarlos de una manera segura y rastreable.

- No revisar las instrucciones del USCIS: Las guías y manuales del USCIS proporcionan instrucciones detalladas para llenar formularios y preparar tu solicitud. Leer y seguir cuidadosamente estas instrucciones es fundamental. Cada formulario tiene una guía específica que explica qué información se necesita y cómo debe presentarse. Dedica tiempo a leer estas guías y asegúrate de entender todos los requisitos antes de comenzar a llenar los formularios.

- No incluir las tarifas correctas: Verifica las tarifas actuales de los formularios en el sitio web del USCIS antes de enviar tu solicitud. Asegúrate de incluir el pago correcto y de usar un método de pago aceptado. Las tarifas pueden cambiar, y es importante asegurarte de que estás pagando la cantidad correcta. Incluye un cheque personal, cheque de caja o giro postal pagadero a "U.S. Department of Homeland Security" y verifica que el nombre esté escrito correctamente para evitar rechazos.

- No traducir documentos correctamente: Si tus documentos están en un idioma extranjero, debes proporcionar traducciones certificadas. La traducción debe ser completa y precisa, e incluir una declaración del traductor certificando su competencia y que la traducción es fiel al original. Usa traductores profesionales para evitar errores y garantizar que las traducciones cumplan con los requisitos del USCIS. Adjunta tanto la copia del documento original como la traducción certificada.

- No preparar adecuadamente para la entrevista: Si tu solicitud requiere una entrevista, prepárate bien. Revisa todos los documentos que has presentado y asegúrate de que puedes explicar cualquier detalle sobre tu solicitud. Practica responder preguntas comunes que podrías enfrentar durante la entrevista. Llega a tiempo a tu cita y lleva todos los documentos requeridos, incluyendo tu pasaporte, Green Card y cualquier otra documentación relevante. La preparación adecuada puede marcar la diferencia entre una entrevista exitosa y posibles problemas.

- Falta de documentación adicional en caso de cambios en tu situación: Si tu situación personal cambia después de haber enviado tu solicitud (como cambios en tu estado civil, empleo, o lugar de residencia), debes informar al USCIS y proporcionar documentación adicional que respalde estos cambios. No hacerlo puede resultar en la denegación de tu solicitud. Mantén una comunicación abierta y transparente con USCIS sobre cualquier cambio significativo en tu vida.

- No consultar con un abogado de inmigración cuando sea necesario: Aunque no siempre es necesario, consultar con un abogado de inmigración puede ser muy beneficioso, especialmente si tu caso es complejo. Un abogado puede proporcionarte asesoramiento especializado, ayudarte a evitar errores y representarte en caso de problemas. No dudes en buscar ayuda profesional si tienes dudas o inquietudes sobre tu solicitud.

- No monitorear el estado de tu solicitud: Después de enviar tu solicitud, es importante monitorear su estado regularmente. Puedes hacerlo en línea a través del sitio web del USCIS utilizando el número de recibo que te proporcionarán.

Estar al tanto del estado de tu solicitud te permitirá responder rápidamente a cualquier solicitud de información adicional y evitar demoras innecesarias.

- Descuido en la preparación de documentos de respaldo: Los documentos de respaldo son esenciales para validar la información en tu solicitud. Asegúrate de incluir toda la documentación necesaria y de que esté organizada de manera lógica. Documentos como certificados de nacimiento, matrimonio, y antecedentes penales deben ser presentados de manera clara y completa. Revisa las guías del USCIS para asegurarte de que no omites ningún documento importante.

- Ignorar los plazos y fechas límite: Cumplir con los plazos es crucial en el proceso de solicitud de una Green Card. Ignorar o no cumplir con las fechas límite puede resultar en la denegación de tu solicitud. Mantén un calendario detallado de todas las fechas importantes y establece recordatorios para asegurarte de no perder ninguna fecha límite.

- No proporcionar evidencia de solvencia financiera: La capacidad de demostrar que puedes mantenerte económicamente es crucial. Asegúrate de incluir comprobantes de ingresos, declaraciones de impuestos y cualquier otra evidencia de solvencia económica. Esto es especialmente importante si estás siendo patrocinado por un familiar o empleador. Proporciona una visión clara y completa de tu situación financiera.

- Subestimar la importancia de los detalles: Los detalles importan en el proceso de inmigración. Asegúrate de que toda la información sea precisa y detallada. Desde las fechas hasta los nombres, cada pequeño detalle cuenta. Un pequeño error puede causar grandes problemas, así que toma el tiempo necesario para revisar cada aspecto de tu solicitud minuciosamente.

Cómo preparar documentos y entrevistas.

Preparar los documentos y estar bien preparado para las entrevistas son pasos cruciales en el proceso de solicitud, te dejo diez consejos detallados para ayudarte a organizarte y presentarte de la mejor manera posible.

Reúne y organiza todos los documentos necesarios

Antes de enviar tu solicitud, ten todos los documentos requeridos. Esto incluye formularios de solicitud, certificados de nacimiento y matrimonio, antecedentes penales, declaraciones de impuestos y comprobantes de ingresos. Organiza estos documentos en carpetas claramente etiquetadas. Utiliza separadores para cada categoría de documentos y una tabla de contenido para facilitar su revisión. Asegúrate de que cada documento sea una copia clara y legible del original.

Verifica la exactitud y consistencia de la información

Es fundamental que toda la información en tus documentos y formularios sea precisa y coherente. Verifica que los nombres, fechas y otros detalles sean los mismos en todos los documentos. Las inconsistencias pueden causar dudas y retrasos en el procesamiento de tu solicitud. Revisa cada documento y formulario al menos dos veces antes de enviarlo.

Traduce documentos correctamente

Si alguno de tus documentos está en un idioma extranjero, proporciona traducciones certificadas al inglés, la traducción debe ser realizada por un traductor profesional y debe incluir una declaración del traductor certificando su competencia. Adjunta tanto la copia del documento original como la traducción certificada para cada documento.

Incluye una carta de presentación

Acompaña tu solicitud con una carta de presentación que resuma tu caso y los documentos incluidos. La carta debe ser clara y concisa, destacando los puntos clave de tu solicitud. Explica brevemente por qué cumples con los requisitos para la Green Card y menciona cualquier información adicional que consideres relevante.

Mantén copias de todos los documentos enviados

Siempre guarda copias de todos los documentos y formularios que envíes al USCIS. Tener un registro completo te será útil para futuras referencias o si necesitas presentar pruebas adicionales. Mantén tanto copias físicas como digitales de todos los documentos relacionados con tu solicitud.

Prepárate para responder a una Solicitud de Pruebas (RFE)

Si recibes una RFE, respóndela lo más rápido y completamente posible. La RFE detallará la información o documentos adicionales que USCIS necesita. Prepara una respuesta clara y organizada, incluyendo una copia de la RFE y cualquier documentación adicional solicitada. Asegúrate de responder dentro del plazo indicado para evitar retrasos adicionales.

Practica respuestas a preguntas comunes para la entrevista

Si tu solicitud requiere una entrevista, es importante estar bien preparado. Practica responder preguntas comunes que podrías enfrentar durante la entrevista. Estas pueden incluir preguntas sobre tu relación con el patrocinador, tu empleo, y tu historial personal. Ensaya con un amigo o familiar para ganar confianza y claridad en tus respuestas.

Revisa todos los documentos antes de la entrevista

Antes de la entrevista, revisa todos los documentos que has presentado. Familiarízate con los detalles de tu solicitud y asegúrate de poder explicar cualquier aspecto de los documentos. Lleva contigo copias adicionales de todos los documentos importantes, incluyendo tu pasaporte, Green Card, y cualquier otra documentación relevante.

Llega temprano y vestido apropiadamente a la entrevista

La puntualidad es crucial. Llega a la oficina del USCIS al menos 30 minutos antes de tu cita. Viste de manera profesional y apropiada para causar una buena impresión. La primera impresión puede influir en la percepción del oficial de inmigración sobre tu caso.

Mantén la calma y sé honesto durante la entrevista

Durante la entrevista, mantén la calma y sé honesto en todas tus respuestas. Escucha atentamente las preguntas del oficial de inmigración y responde de manera clara y directa. Si no entiendes una pregunta, no dudes en pedir aclaraciones. Ser transparente y honesto es fundamental para demostrar tu elegibilidad y buena fe en el proceso.

Conclusión

El proceso de obtener una Green Card es una tarea compleja y detallada que requiere una preparación meticulosa y una comprensión clara de todos los pasos involucrados, desde la recolección de documentos hasta la preparación para entrevistas, cada etapa del proceso debe ser abordada con precisión y atención al detalle para maximizar tus posibilidades de éxito.

Debes reunir y organizar todos los documentos necesarios de manera ordenada y accesible. Verificar la exactitud y consistencia de la información en cada documento garantiza que no haya errores que puedan retrasar tu solicitud, traducir cualquier documento en un idioma extranjero y mantener copias de todos los documentos enviados al USCIS es crucial para mantener un registro completo y claro.

Responder de manera oportuna y completa a cualquier Solicitud de Pruebas (RFE) que recibas es otro aspecto fundamental del proceso. La rapidez y la precisión en tu respuesta pueden influir significativamente en la decisión final sobre tu solicitud, es vital practicar respuestas a preguntas comunes y revisar todos los documentos antes de cualquier entrevista, lo que te permitirá presentarte con confianza y claridad.

La preparación para la entrevista es un componente crucial del proceso, llegar temprano, vestirse como se debe, y mantener la calma y la honestidad durante son factores que hacen una gran diferencia. Ensayar tus respuestas y estar bien informado sobre todos los detalles de tu solicitud te ayudará a manejar la entrevista con éxito.

Aparte de estos pasos, mantener una comunicación abierta y constante con cualquier patrocinador familiar o empleador, y estar informado sobre los cambios en las leyes y políticas de inmigración, te permitirá estar preparado para cualquier eventualidad y adaptar tu estrategia según sea necesario.

Siguiendo estos consejos y evitando errores comunes, puedes aumentar significativamente tus posibilidades de éxito en el proceso de solicitud. La clave está en ser organizado, proactivo y detallista en cada etapa del proceso. Ya sea consultando guías oficiales, buscando ayuda profesional cuando sea necesario, o manteniendo una actitud positiva y perseverante, cada esfuerzo cuenta para alcanzar tu objetivo de convertirte en residente permanente de los Estados Unidos.